Karen Christine Angermayer
Sag NEIN zu Fremden!

Karen Christine Angermayer

Sag NEIN zu Fremden!

Illustriert von Julia Ginsbach

www.leseloewen.de

ISBN 978-3-7855-7010-4
1. Auflage 2012
© 2012 Loewe Verlag GmbH, Bindlach
Umschlagillustration: Julia Ginsbach
Printed in Germany

www.loewe-verlag.de

Inhalt

Trubel vor dem Fest

„Tina! Ben! Ich brauche eure Hilfe. In einer Stunde kommen Omas Gäste!", ruft Mama aus der Küche. Sie angelt sich zwei Kuchenplatten, die auf dem Küchentisch stehen. Auf jeder thront eine große Torte. Mit einer Platte auf jeder Handfläche verlässt Mama die Küche und will gerade zur Wohnungstür gehen, als Tina und Ben auf einem Skateboard johlend auf sie zusausen.

„Vorsicht!", ruft Mama. Aber zu spät: Die drei stoßen zusammen und eine der Torten klatscht auf das Parkett.

„Oh, nein! Ich hab mir solche Mühe gegeben!", stöhnt Mama. „Raus mit euch, alle beide! Ich deck den Tisch lieber allein. Wer weiß, was sonst noch alles kaputtgeht!"

„Tschuldigung", sagt Ben und schnappt sich sein Skateboard.

„Hallo, Tina, hallo, Ben!", grüßt die alte Frau Leisinger freundlich, als die Kinder die Treppe in den Hausflur herunterkommen. Frau Leisinger wohnt im ersten Stock. „Könnt ihr mir bitte meine Einkäufe nach oben tragen? Sie sind mir einfach zu schwer." Zu ihren Füßen stehen zwei prall gefüllte Einkaufstüten.

„Klar!", rufen Tina und Ben.
Schließlich muss man
Menschen in Not helfen!

Die Kinder nehmen die Tüten und rennen die Treppe nach oben. Frau Leisinger braucht etwas länger, bis sie vor ihrer Wohnungstür ist. „Danke schön", sagt sie und drückt jedem der beiden einen Euro in die Hand. „Ihr wisst ja sicher, wo es ein gutes Eis gibt." Sie zwinkert den beiden zu.

Und ob Tina und Ben das wissen!

Ihre Mutter kommt die Treppe herunter. Sie trägt die übrig gebliebene Torte mit beiden Händen und passt genau auf, wo sie hintritt.

„Hallo, Frau Meerbusch", grüßt Frau Leisinger Mama. „Ihre Kinder sind wirklich sehr gut erzogen!" Sie lächelt Ben und Tina zu und schließt ihre Wohnungstür auf.

Mama seufzt in der Erinnerung an die zermatschte Torte. „Geht so", sagt sie und steuert auf die Treppe zum Erdgeschoss zu. Sie will in den Garten, der für die Geburtstagsfeier festlich geschmückt ist.

„Mama, dürfen wir
auf den Spielplatz?“,
fragt Tina vorsichtig.

„Meinetwegen“, willigt Mama ein. „Aber nur für eine Stunde, dann trinken wir alle zusammen Kaffee. Hoffentlich treibe ich bis dahin noch eine neue Torte auf …“, fügt sie nachdenklich hinzu.

Tina und Ben sind schon unterwegs. Glücklich flitzen sie mit ihren Fahrrädern in Richtung Abenteuerspielplatz.

Der fremde Mann

„Einmal Waldmeister, bitte",

sagt Ben.

„Für mich bitte Kirsche!",

ergänzt Tina.

Die blonde junge Frau hinter dem Kioskfenster reicht Tina und Ben die beiden Eisstangen. Bei ihr gibt es das leckerste Wassereis der Stadt. Es ist in durchsichtige Folie eingeschweißt und lang und schmal wie ein Lineal.

Zufrieden an ihrem Eis schleckend setzen sich die Kinder wieder auf ihre Fahrräder.

„Ich bin als Erster

am Piratenschiff!",

ruft Ben und saust davon.

Das große Schiff ist die Attraktion des Spielplatzes. Es ist ganz aus Holz und hat einen Mast mit einem Mastkorb, auf den nur gute Kletterer kommen.

„Da ist Justus!",
ruft Tina und winkt
einem Jungen zu.

Justus steht ganz in der Nähe und spielt mit seinem Handy.
Sein rotes Käppi trägt er verkehrt herum auf dem Kopf. Als er
Tina rufen hört, sieht er kurz auf und nickt, schaut dann aber
gleich wieder auf sein Telefon.

„Ach, der denkt
doch wieder nur
an sein Handy",
sagt Ben.

Justus bekommt von seinem
Papa immer die neueste
Technik geschenkt. Egal
ob Spielkonsole, MP3-
Player oder Smart-
phone … Er ist immer
der Erste in der Klasse,
der so etwas besitzt. Bei
den Spielen seiner Mit-
schüler spielt er fast nie mit.
Das findet er uncool.

„Fischkutter in Sicht!",
ruft Ben aus dem Mastkorb
des Piratenschiffs.
„Fertig machen zum Entern!"
Tina dreht am Steuerrad.
„Hoffentlich haben die
auch Krabben an Bord!"

„Krabben mag ich auch gern!", ruft ein fremder Mann, der ganz in der Nähe auf einer Bank sitzt. Er hat den linken Arm in Gips. Vor seinen Füßen steht eine prallvolle Plastiktüte vom nahen Supermarkt.

„Die fang ich selbst, mit meinem eigenen Kutter!", fügt der Mann hinzu. Tina und Ben haben ihn noch nie gesehen. Sein Alter lässt sich schwer schätzen. Auf jeden Fall ist er älter als ihr Papa. Er trägt eine wetterfeste Jacke und eine dunkelblaue Wollmütze.

„Er sieht aus wie ein richtiger Seebär", denkt Tina.

„Wenn ihr wollt, zeig ich euch mein Boot! Und dann machen wir Rührei mit Krabben!", ruft der Mann weiter.

Tina schüttelt den Kopf.
„Wir dürfen nicht
mit Fremden mitgehen!"

„Schade. Mein Boot würde euch bestimmt gefallen. Es hat mal einem echten Piraten gehört!", antwortet der Mann.

Er steht auf, hebt mit seiner nicht eingegipsten Hand die Einkaufstüte auf und will gerade losgehen, als der Henkel der Tüte reißt. Ein Päckchen Butter, drei lose Äpfel, eine Schale Tomaten und eine Packung Toastbrot purzeln in den Sand.

„Verflixter Quallen- dreck!", schimpft der Mann. Er will sich bü- cken, um alles aufzuhe- ben, doch der Gips ist ihm im Weg und sein Arm scheint noch weh- zutun. Vor Schmerz verzieht er das Gesicht. „Wird Zeit, dass das Ding wieder runter- kommt." Er meint den Gips.

„Komm, wir helfen ihm",
sagt Ben und springt
vom Schiff runter.
Tina folgt ihm.

Schnell sammeln sie die heruntergefallenen Einkäufe auf.

"Danke. Aber wie soll ich damit jetzt zu meinem Kutter kommen?" Der Mann kratzt sich mit seiner freien Hand am Kopf. "Ich kann die vielen Sachen ja nicht alle untern Arm nehmen!"

Ben beißt sich auf die Unterlippe, wie immer, wenn er nachdenkt.

"Unsere Fahrradkörbe!",
ruft er plötzlich.
"Damit bringen wir Ihnen
die Sachen zum Boot."
Tina zögert.
"Aber wir müssen
erst noch zu Hause
Bescheid sagen", sagt sie.

Der Mann schüttelt den Kopf. „So viel Zeit hab ich nicht. Ich muss jetzt wieder los."

Ben und Tina sehen sich ratlos an. Was sollen sie machen? Sie dürfen nicht mit Fremden mitgehen. Das haben ihre Eltern ihnen immer wieder erklärt. Aber der Mann braucht ihre Hilfe. Und ihre Eltern haben ihnen auch gesagt, dass man Menschen in Not helfen soll. So wie sie vorhin Frau Leisinger mit ihren Einkaufstaschen geholfen haben! Wie sollen sie sich jetzt verhalten?

„Also, wenn euch das bei eurer Entscheidung hilft: Ich hab zwei echte Säbel auf meinem Boot. Die stammen noch aus der Seeschlacht vor Madagaskar im 15. Jahrhundert!" Der Mann grinst Ben und Tina an. Seine Augen blitzen abenteuerlustig.

Ben beißt sich wieder auf die Lippe. Einen echten Säbel anfassen. Davon hat er schon immer geträumt …

„Wenn wir uns beeilen,
sind wir gleich wieder da",
überlegt er.
„Ja, das könnten
wir schaffen",
fügt Tina zögerlich hinzu.
Doch ganz wohl ist ihr nicht dabei.

„Na also. Mein Schiff wird euch sicher gefallen!", versichert ihnen der Mann noch einmal. Ganz leise, sodass die Kinder es nicht hören, fügt er hinzu: „Und ich habe endlich mal wieder ein bisschen Gesellschaft …"

Schnell packen Tina und Ben die Einkäufe in die Körbe. Und jetzt nichts wie los! Die beiden sind gespannt wie ein Flitzebogen. Sie können es kaum erwarten, das echte Schiff zu sehen.

„Tschüs!", ruft Justus, der immer noch dasteht und alles mit angehört hat.

„Komm doch auch mit!",
schlägt Tina vor.
„Das wird sicher lustig!"

Justus schüttelt den Kopf. „Ich muss nach Hause."
    Als die drei loslaufen, blickt er ihnen lange nach. *Klick!* Mit seiner Handykamera macht er noch schnell ein Foto von Tina, Ben und dem fremden Mann mit dem Gipsarm.

Auf dem Krabbenkutter

„Willkommen an Bord!" Der Seemann macht eine stolze Handbewegung. Wenn er lächelt, bilden sich um seine Augen viele Lachfältchen. Man kann sich gut vorstellen, wie er als junger, strammer Matrose ausgesehen hat. Er reicht Tina und Ben die Hand und hilft ihnen auf das Schiff.

Die Kinder sehen sich staunend um. Beide haben ihre gefüllten Fahrradkörbe bei sich.

Der Krabbenkutter scheint schon sehr alt zu sein: Das ehemals dunkle Holz ist von der Sonne ganz ausgebleicht, Schrauben und andere Metallteile sind stark verrostet und besonders sauber ist es an Deck auch nicht. Überall liegen meterlange Taue und leere Holzkisten herum.

Ben macht das nichts aus. Er hat die Piratenflagge entdeckt, die am Hauptmast weht. Richtig gefährlich sieht sie aus mit dem Totenkopf und den gekreuzten Knochen!

„Ahoi!", ruft Ben glücklich und läuft zum Steuerrad. Begeistert dreht er daran.

Der Mann steht ganz in der Nähe vor einer großen Boden-
luke, die unter Deck führt. „Ihr könnt die Lebensmittel da
runterbringen!"

Während Tina noch zögert, ist Ben schon mit seinem Korb
unter Deck geklettert. Der Seemann mit seinem Gips braucht
dabei etwas länger.

Unter Deck befindet sich ein großer Raum ohne Fenster.
Tina und Ben müssen sich erst an die Dunkelheit gewöhnen.

Der Raum ist wie eine komplette Wohnung eingerichtet: In
der Mitte ist ein altes Ledersofa.
Davor stehen ein Holztisch
und ein Stuhl. An der ge-
genüberliegenden Wand
steht eine Kommode
mit einem alten Fern-
seher. Auch eine
kleine Küche gibt
es, in der sich das
ungespülte Ge-
schirr stapelt. In
einer Ecke liegen
alte Glasflaschen
und zerfledderte
Zeitschriften.

„Ganz schön unordentlich",

denkt Tina.

An einer Wand hängen tatsächlich zwei ganz alte Säbel. Ben und Tina betrachten sie ehrfürchtig.

„Habt ihr Hunger?", fragt der Mann.

Ben nickt. Seine Augen leuchten. Für ihn ist das alles ein großes Abenteuer.

„Wir wollten doch Rührei

mit Krabben machen!",

sagt er eifrig.

Tina zupft ihn am Ärmel.

„Ben, wir sollten lieber

wieder nach Hause fahren",

mahnt sie leise.

„Nix da, ich hab euch Rührei mit Krabben versprochen. Und versprochen ist versprochen und das wird nicht gebrochen!", ruft der Mann. Er öffnet einen Schrank und holt eine Schüssel heraus. „Hier, schlag mal die Eier auf", sagt er zu Ben und reicht ihm die Schüssel. „Mit nur einem Arm krieg ich das nicht hin." Er öffnet den Kühlschrank. „Hier sind noch welche."

Ben holt den Eierkarton heraus.

„Und du, Mädchen, könntest mal die Einkäufe wegräumen, während wir hier die Männerarbeit machen", sagt der Mann zu Tina. Er grinst amüsiert, aber Tina kann nicht mitlachen. Widerwillig räumt sie die Einkäufe in den Kühlschrank.

Der Mann geht zum Spülbecken und zieht eine benutzte Bratpfanne aus dem Stapel mit ungespültem Geschirr. Er braust sie nur kurz mit Wasser ab und stellt sie auf den Herd.

Tina und Ben werfen sich einen Blick zu. Das soll sauber sein?!

Den Mann scheint das nicht zu stören. Er gießt einen Schwung Bratöl hinein und schaltet den Herd an.

„Keinen Bissen esse ich
von dem Rührei", denkt Tina.
Auch Ben rümpft die Nase.

„Wir stechen in See ..." Vergnügt vor sich hin summend
nimmt der Mann die Milch aus dem Kühlschrank und reicht
sie Ben. „Ein bisschen davon. Dann noch etwas Pfeffer und
Salz – und fertig! So, und ihr bleibt hier und ich fange uns
frische Krabben." Er ist schon an
der Treppe und klettert nach
oben.
Tina hat auf einmal
ein ganz blödes Ge-
fühl im Bauch.

„Lass uns schnell gehen!",

wispert sie Ben zu.

„Omas Gäste kommen gleich!"

Stimmt! Die hat Ben ganz vergessen!
    Schnell rennen sie zur Treppe. Ben steht schon auf der ers-
ten Stufe, als er plötzlich über sich ein lautes Knarzen hört.

„Pass auf, die Klappe!",

ruft Tina erschrocken.

Zum Glück bleibt Ben sofort stehen, denn im selben Moment schnappt die Klappe direkt über seinem Kopf zu. Mit einem ohrenbetäubenden Knall fällt sie ins Schloss. Dann ist es still. Sehr still. Und sehr, sehr dunkel.

„Was machen wir jetzt?",
fragt Tina ängstlich.
„Hallo? Hallo!
Machen Sie bitte
die Klappe auf!",
ruft Ben laut.

Doch der Mann antwortet nicht. Einen Moment lang ist es so still im Raum, dass man hören könnte, wie sich eine Spinne von der Decke abseilt.

„Er hat uns eingesperrt!",
flüstert Tina entsetzt.
„Vielleicht war es nur der Wind",
will Ben sie beruhigen.
„Hilf mir mal!", sagt er
und klettert
bis zur Luke hoch.

Gemeinsam versuchen sie, die Holzklappe wieder zu öffnen.
Ohne Erfolg. Sie ist zu dick und zu schwer.

„Hilfe!",

ruft Tina verzweifelt.

„Hilfe, hört uns

denn niemand?"

Statt einer Antwort springt plötzlich der Motor des Kutters an. Das Dröhnen und Tuckern hört sich an wie das Bauchgrummeln eines Riesen. Dann setzt sich das Schiff in Bewegung.

Tina und Ben halten sich schnell am Treppengeländer fest.

„Wohin fahren wir?",

fragt Tina.

Ihr Herz klopft bis zum Hals.

„Keine Ahnung", sagt Ben.

„Aber bestimmt nicht

zu uns nach Hause."

Gefangen!

Gleichmäßig tuckernd bewegt sich das Schiff über das Wasser. Tina und Ben sitzen immer noch im Dunkeln auf der Treppe.

"Wir hätten niemals

mit dem Mann

mitgehen sollen!", weint Tina.

Sie muss laut sprechen, um das Motorengeräusch zu übertönen. Statt einer Antwort atmet ihr Bruder tief durch die Nase.

„Hier riecht's verbrannt",
stellt er fest.
„Die Pfanne!", ruft Tina.
„Der Herd ist noch an,
wir müssen ihn ausschalten!"

Sie rutscht vorsichtig von der
Treppe. Ben folgt ihr. In der
Dunkelheit tasten sich bei-
de Stück für Stück an der
Wand entlang.

„Ich glaube,
hier ist ein Lichtschalter",
sagt Ben.

Klick! Über dem Tisch geht eine nackte Glühbirne an. Sie verbreitet nur schwaches Licht, aber wenigstens können die Kinder jetzt sehen, wo sie hintreten.

Ben läuft zum Herd und schaltet die heiße Platte aus. Das Rührei ist angebrannt. Er schiebt die Pfanne zur Seite.

Tina sieht sich im Raum um.
„Wie kommen wir
bloß hier raus?"

Da entdeckt sie den geblümten Vorhang neben der Küchenzeile. Sie schiebt ihn zur Seite. Dahinter verbirgt sich ein winziger Raum, der ein Klo und ein Waschbecken hat. Er ist so klein, dass man sich kaum darin umdrehen kann. Aber unter dem Waschbecken ist eine Klappe im Boden. Die könnte ihre Rettung sein!

Tina und Ben ziehen gemeinsam an der Klappe. Darunter kommt eine Öffnung zum Vorschein. Vielleicht ein weiterer Raum? Sie müssen sich ganz klein machen, um in die Öffnung steigen zu können.

Als sie eine schmale Leiter hinabklettern, dröhnt ihnen lautes Klopfen, Pfeifen und Rasseln entgegen. Tina und Ben halten sich die Ohren zu. Sie sind im Maschinenraum!

Überall hängen Rohre und Metallkästen mit unzähligen Schaltern und Knöpfen. Aber hier drinnen ist es heller als im Raum davor.

„Nichts anfassen!", warnt Ben.

„Die Rohre könnten heiß sein!"

Laufende Motoren werden warm. Das weiß Ben aus einem seiner Technikbücher.

Auf einmal wird es leiser im Maschinenraum. Das Klopfen, Pfeifen und Rasseln wird langsamer … Und dann ist es still. Der Kutter schaukelt friedlich vor sich hin.

Tina und Ben sehen sich verwundert an. Was hat das zu bedeuten?

„Iiih! Ich bin auf
etwas Weiches getreten!
Und es hat sich bewegt!",
kreischt Tina plötzlich.
„Vielleicht eine Ratte",
überlegt Ben.

Das ist nicht die Erklärung, die Tina gern hören will. Sie hat
Gänsehaut. Ratten kennt sie bisher nur aus ihren Piraten-
büchern und das darf so bleiben! Bei den nächsten Schritten
schaut Tina sehr genau auf den Boden.

„Da ist eine Treppe!",

ruft Ben plötzlich.

Tatsächlich: Am Ende des Maschinenraums ist eine schmale Holztreppe, die an Deck führt. Ein dünner Lichtstrahl fällt auf den Boden vor der Treppe. Die Luke ist geöffnet!

Schnell laufen Tina und Ben durch den Raum, klettern die Treppe hoch und spähen durch das Loch.

Der Mann ist nirgends zu sehen. Auch das Ruderhaus ist leer.

Die beiden steigen an Deck und schleichen auf Zehenspitzen weiter. Ja, da ist er! Er steht Pfeife rauchend an der Reling und schaut aufs Wasser, in dem ein großes Netz treibt. Er versucht tatsächlich, Krabben zu fangen. Wieder summt er ein altes Seemannslied vor sich hin. Er hat die Kinder noch nicht bemerkt.

Aber Tina bemerkt plötzlich was: Sie sind schon ganz weit draußen und der Hafen ist viel zu weit weg!

"Ben!", ruft sie entsetzt.

Der Mann dreht sich um. „Wie seid ihr denn aus der Kajüte ge- kommen? Na, was soll's. Bin gleich so weit. Und dann hole ich euch die Säbel von der Wand. Ihr seid be- stimmt schon ganz gespannt!"

Ben überlegt kurz.
Dann sagt er:
„Wir haben es
uns anders überlegt.
Wir müssen nach Hause."

Der alte Seemann sieht ihn verwun- dert an. „Wie, was, keine Säbel gu- cken? Warum denn nicht?"

Es fällt Ben schwer,
aber er sagt tapfer:
„Wir – es geht nicht.
Wir müssen jetzt
wirklich gehen."

„Ja, aber ich
dachte, wir ma-
chen uns eine schö-
ne Zeit!", ruft der Mann
da. „Wisst ihr, ich bin immer so schrecklich allein und
hab eben noch gedacht, wie schön
es ist, eure Gesellschaft hier auf
dem Boot zu haben! Ich hab noch irgendwo zwei alte Hänge-
matten, auf denen ihr schlafen könnt …" Er kratzt sich nachdenklich am Kopf.

Ben und Tina sehen sich erschrocken an.

„Nein!", ruft Tina
wie aus der Pistole geschossen.
„Wir wollen hier nicht übernachten!
Wir wollen nach Hause!"

Der Mann schaut sie verwundert an. „Wieso denn? Das wird doch lustig! Stellt euch doch mal vor: Wir könnten zusammen in See stechen und ferne Länder bereisen. Afrika, Amerika, Asien … Und ihr seid meine Leichtmatrosen und helft mir das Deck schrubben und die Netze flicken!" Die Augen des Mannes leuchten. Seine Idee begeistert ihn. „Ja, so machen wir's!"

Tina hat entsetzliche Angst. Sie fängt an zu weinen.

„Ich will zu Mama und Papa!"

Ben sagt nichts. So gern er immer mal auf ein echtes Schiff wollte: So hatte er sich das nicht vorgestellt. Er versucht, sich zu konzentrieren, denn er weiß, dass man in schwierigen Momenten besonders klar denken muss.

„Okay!", sagt er dann.
„Wir bleiben hier.
Komm, Tina, wir gehen
schon mal unter Deck
und schauen uns die Säbel an!"
Er winkt Tina zu.

Der Seemann nickt zufrieden und zieht prüfend an den Netzen.

Tina reißt erschrocken
die Augen auf.
„Spinnst du?
Was redest du denn da?",
zischt sie ihrem Bruder zu.

Doch Ben antwortet nicht. Er legt den Finger auf die Lippen und zieht Tina auf die andere Seite des Ruderhauses.

„Ich will ihn nur

in Sicherheit wiegen!",

raunt er zurück.

„Jedes Schiff hat ein Rettungsboot.

Das müssen wir finden.

Nur damit kommen wir

zurück zum Hafen!"

Erst klicken, dann nicken

Wo kann das Rettungsboot nur sein? Suchend schleichen die Kinder über das Deck.

"Da ist es!", flüstert Ben.

Das aufblasbare Rettungsboot liegt unter einem Stapel alter Bananenkisten und Taue. Die Kinder haben alle Hände voll zu tun, um das Boot freizuräumen.

„Viel Luft hat es nicht",
sagt Ben prüfend,
„aber besser als gar nichts."
Er sieht sich suchend um.
„Wir brauchen noch ein Seil!"

Unter den vielen dicken Tauen findet Tina ein langes, dünnes Seil. Wie gut, dass sie und Ben so gern Piratengeschichten lesen. Dadurch weiß Ben, wie man einen Seemannsknoten macht, der gut hält!

Ben knotet ein Ende des Seils an das Boot. Das andere Ende macht er an der Reling fest.

„Und jetzt nichts wie weg hier!", sagt Ben.

Zusammen heben sie das Rettungsboot über die Reling und lassen es ins Wasser fallen.

Ben klettert als Erster über die Reling und rutscht am Seil hinab ins Boot. Geschafft!

Tina will ihm gerade folgen, als sie jemand von hinten an der Schulter packt. „Stopp!", befiehlt eine tiefe Stimme. Tina erschrickt. Der Seemann!

„Beeil dich!",
ruft Ben von unten.
„Los, mach schon!"
„Ich kann nicht!",
erwidert Tina ängstlich.

Sie will sich von dem Mann losmachen, doch sein Griff ist zu fest. „Hiergeblieben! Ihr könnt doch nicht einfach von Bord gehen!", sagt er und klingt auf einmal gar nicht mehr nett.

„Aua! Lassen Sie mich los!
Bitte lassen Sie mich los!"
Tina windet sich verzweifelt.
„Ben, hilf mir doch!"

Aber wie soll Ben ihr helfen? Er ist schon im Rettungsboot!
Außerdem hat er noch ein ganz anderes Problem: Das Rettungsboot hat ein Loch! Langsam füllt sich der Boden zu seinen Füßen mit Wasser … Er wird untergehen, wenn ihm nicht
schnell was einfällt!

Tina und Ben werfen sich verzweifelte Blicke zu.

Auf einmal hören sie eine männliche Stimme aus einem
Lautsprecher: „Achtung, Ach-
tung, hier spricht die Poli-
zei! Lassen Sie das Kind
los und heben Sie die
Hände hoch!"

Und dann geht alles
ganz schnell: Ein Poli-
zeiboot fährt nahe an
den Kutter heran. Zwei
Polizisten heben Ben zu
sich an Bord. Bens Papa
ist auch auf dem Boot und
nimmt seinen Sohn er-
leichtert in die Arme.

„Papa!
Ich bin so froh,
dass du da bist!"

Ben weint nicht oft, aber jetzt muss es einfach sein, so erleichtert ist er. Auch Tina kann es kaum erwarten, auf das Polizeiboot zu kommen. Eine freundliche Polizistin hilft ihr dabei.

Der fremde Mann, von dem sie bis zuletzt nicht einmal wussten, wie er heißt, muss auch mit auf das Polizeiboot. Dann fahren sie alle zusammen zurück zur Anlegestelle.

„Wie habt ihr uns gefunden?",
fragt Ben gespannt.

Er ist noch ganz
schön blass um
die Nase und
seine Turnschu-
he sind durch-
geweicht.
 „Justus' Mama
hat uns angerufen.
Justus hat ihr das
Foto auf seinem
Handy gezeigt", er-
klärt Papa.

„Dann hat Justus' Handy
ja echt mal was Gutes!"
Ben grinst.
Auch Tina lächelt erleichtert.
„Ja, zum Glück war er
auch am Spielplatz!
Vielleicht ist er
doch ganz in Ordnung."

Abends setzen sich Papa und Mama zu Tina und Ben ans Bett. Omas Geburtstagsparty wurde auf einen anderen Tag verschoben.

Die Eltern zeigen den Kindern ihre Handys.

„Wir kaufen euch morgen auch welche", sagt Papa. „Richtige Kinderhandys, damit ihr Mama und mich immer anrufen könnt, wenn ihr mal nicht wisst, wie ihr euch verhalten sollt."

Er klappt seinen Laptop auf, den er mitgebracht hat. „Und auf eure Handys überspiele ich euch dann noch ein Fotoalbum." Er öffnet eine Datei. „Hier, schaut mal. Das sind die Menschen, mit denen ihr in Zukunft mitgehen dürft."

Er zeigt Ben und Tina die Bilder. Die beiden lachen, als sie die lustigen Fotos sehen. Ihre Mutter und ihre Tanten sind darauf, auch ihre Oma und Frau Leisinger. Ihr Vater hat Bilder aus einem alten Album abfotografiert.

„Mit all denen dürft ihr mitgehen. Mit niemandem sonst! Habt ihr das verstanden?", fragt er Tina und Ben eindringlich.

Tina nickt.
„Nicht im Album,
nicht mitgehen."
Auch Ben nickt.
„Erst klicken,
dann nicken!"

Mama lächelt. „Ganz genau: Erst klicken, dann nicken! Wir speichern euch in den nächsten Tagen noch weitere Fotos ab, zum Beispiel von den Mamas eurer Freunde und Freundinnen. Und wenn ihr euch nicht sicher seid, was ihr tun sollt, dann sagt einfach laut und deutlich ‚Nein'!" Sie streicht Ben und Tina übers Haar. „Ich bin heilfroh, dass euch nichts passiert ist. Wisst ihr, es gibt Menschen, die wirken im ersten Moment ganz nett und lustig, aber in Wirklichkeit haben sie etwas sehr Böses im Sinn. Das ist auch für uns Erwachsene nicht immer leicht zu durchschauen. Man lernt es erst mit der Zeit, in solchen Momenten auf sein Bauchgefühl zu hören."

Ben grinst.

„Bauchgefühl.

Also so, als hätte man

ganz viel Sahnetorte gegessen?"

Die Mutter lacht. „Ja, so ähnlich!" Sie scheint nicht mehr böse zu sein wegen der zermatschten Torte. „Morgen erzähl ich euch mehr davon. Jetzt schlaft gut und träumt was Schönes!"

Als ihre Mutter geht, fallen den Kindern sofort die Augen zu. Sie sind froh, wieder zu Hause zu sein. Und eins ist für beide so klar wie Krabbenspucke: Sie gehen nie, nie, nie wieder mit einem Fremden mit!

Anregung zum Gespräch

Was hätten Tina und Ben tun können, anstatt den Mann zu begleiten?

1. Sie hätten einfach wegrennen können.
2. Sie hätten einen anderen Erwachsenen um Hilfe bitten können.
3. Sie hätten dem Mann eine neue Tüte im Supermarkt besorgen und ihn dann allein zum Boot gehen lassen können.
4. Sie hätten sich nicht von ihm drängen lassen und darauf bestehen können, dass sie erst noch ihren Eltern Bescheid sagen.
5. Sie hätten ihm antworten können, dass sie sich sein Boot gern ein andermal ansehen, z. B. gemeinsam mit ihren Eltern.
6. Auch vor dem Betreten des Bootes hatten sie noch einmal die Möglichkeit, „Nein" zu sagen und schnell wieder nach Hause zu fahren.

Fallen dir noch andere Möglichkeiten ein?

Übrigens: Wenn du kein Handy hast, kannst du auch ein Fotoalbum mit Fotos der Freunde, Verwandten und Bekannten, mit denen du mitgehen darfst, bekleben.

Karen Christine Angermayer wurde 1975 in Arnsberg im Sauerland geboren. Nach ihrem Studium in Diplom-Fotoingenieurwesen in Köln ging sie zunächst mehrere Jahre lang zum Film. Sie gründete im Jahr 2000 ihr eigenes Unternehmen und arbeitet heute als Autorin, Trainerin und Coach. Karen Christine Angermayer lebt mit ihrer Familie in einem Weindorf in Rheinhessen. Mehr zur Autorin unter www.worte-die-wirken.de.

Julia Ginsbach wurde 1967 in Darmstadt geboren. Nach ihrer Schulzeit studierte sie in Heidelberg und Frankfurt Musik, Kunst und Germanistik. Heute lebt sie mit ihrer Familie, jeder Menge Tiere, Pinseln, Farben, Papier und ihrer Geige in einem alten Haus in Norddeutschland und arbeitet als freie Illustratorin.

Erlebe ein neues Abenteuer zum Vor- und Selbstlesen mit Finn Feuersäbel!

„Zuerst lese ich für dich, dann liest du für mich." –
Wer mit seinem Kind gemeinsam eine Geschichte liest,
wird schnell merken, wie viel Spaß das macht und
wie leicht dem Nachwuchs das Lesen plötzlich fällt. Die
Reihe *Ich für dich, du für mich* verfolgt genau diesen
Ansatz. Kinder schlüpfen in die Rolle einer sympa-
thischen Figur und lesen kurze, einfache Textpassagen,
während die Erwachsenen die längeren Abschnitte
der Geschichte übernehmen. Gemeinsam geht eben
vieles leichter, auch das Lesen!